AF277546

LOLA VITORIA

Música para piano

Edición crítica
Raquel del Val Serrano

CONSELL
VALENCIÀ
de CULTURA

© Copyright 2025. Consell Valencià de Cultura. VALÈNCIA.

Raquel del Val Serrano.
Lola Vitoria. Música para piano. Edición crítica.

Critical edition by Raquel del Val.
Engraved and formatted by José Antonio Morcillo

I.S.B.N.: 978-84-482-7111-4
Depósito Legal: V-4933-2025

Printed in Spain / Impreso en España
PILES, Editorial de Música S. A.
     Archena, 33 - 46014 VALÈNCIA (España)
     Teléfono: 96 370 40 27
     info@pilesmusic.com - www.pilesmusic.com

A Joaquín Navarro García
Investigador y biógrafo de Lola Vitoria
(In Memoriam)

AGRADECIMIENTOS

Consell Valencià de Cultura

José María Arenas Ferriz

José Antonio Morcillo García

Encarnación Pérez Vidal

Amaya Navarro Muñoz

Excmo. Ayuntamiento de Villena

LOLA VITORIA

Música para piano

Edición crítica
Raquel del Val Serrano

CONSELL
VALENCIÀ
de CULTURA

Fantasía Capricho de Lola Vitoria. Fragmento de partitura autógrafa.

BIOGRAFÍA

Dolores Agustina Ana Vitoria Tarruella[1] (Alcoy, 1880 - Villena, 1952), más conocida como Lola Vitoria, vino al mundo en 1880 en Alcoy. Su padre, Facundo Vitoria, era natural de la localidad alicantina de Cocentaina y su madre, Dolores Tarruella, había nacido en Barcelona. El matrimonio tuvo anteriormente dos hijos varones más.

Aunque nació en Alcoy solo permaneció ocho meses, debido a la prematura muerte de su padre, circunstancia que obliga a que la madre de Lola busque la compañía y protección de su madre, también recientemente enviudada, y se trasladen a Villena, localidad que siempre será su tierra puesto que ella misma siempre se declaró como "villenera".

Lola creció en una familia sin problemas económicos, aunque su infancia se vio marcada por la infección que padeció en su ojo derecho, con la consecuente pérdida de éste, lo que le condenaría a usar una prótesis de por vida. Esta circunstancia explica el hecho de que en casi todos los retratos que existen de Lola Vitoria ya adulta, siempre luce el perfil izquierdo.

Dolores Tarruella pone en manos de profesores particulares, especialmente sacerdotes, la educación de Lola, evitando el contacto con otros niños de su edad en el colegio; según Joaquín Navarro parece ser que su madre era muy religiosa y a su vez, le atribuía a la niña ciertos poderes de tipo místico.

Debido a la necesidad de la ampliación de la formación académica del hermano de Lola, Arturo, la familia pone rumbo a València, con regresos esporádicos a Villena en los períodos vacacionales. En la capital del Turia la joven Lola entra en contacto con el mundo de la música erudita, asistiendo a conciertos y óperas con su madre y hermano. Es en este momento cuando Lola le comunica a su madre su deseo de dedicarse a la composición de forma profesional, por lo que comienza a recibir lecciones de profesores como los compositores y organistas José María Úbeda Montés (Gandia, 1839 - València, 1909) y Josep Fayós Pascual (València, 1871 - 1931), quien fuera a su vez discípulo del eminente pedagogo y compositor Salvador Giner Vidal (València, 1832 - 1911). Así pues, Lola estudia solfeo, armonía, composición, piano y guitarra, destacando además en el complejo arte de la improvisación.

Inteligente y muy independiente, una joven Lola de tan solo diecisiete años decide componer la *Marcha de la Coronación,* que dedica al rey Alfonso XIII, y, sin decir nada a nadie envía la obra a un concurso que se celebra en Madrid, precisamente con el motivo de la coronación real. La obra es premiada y posteriormente publicada en la editorial Luis Tena (sucesores de Antich y Tena de València).

La finalización de los estudios de Derecho del hermano de Lola, Arturo Vitoria, posibilita el regreso de madre e hija a Villena, donde comienzan a integrarse en círculos de tipo artístico y literario. En este momento se hace muy cercana de Loreto García Ruzafa, gran pianista formada en estudios superiores en Madrid, que con el tiempo se convertirá en su cuñada al contraer matrimonio con su hermano Arturo. Como es frecuente en la España de la época, siguiendo la costumbre instaurada en Europa, se organizan veladas artísticas en las que el hilo conductor es la música. Manuel García Estasio, tío de Loreto, es quien posibilita en Villena este tipo de encuentros en los que se invita a artistas conocidos, como el caso de su amigo, el guitarrista Francisco Tárrega; en este entorno Lola Vitoria comienza a deslumbrar con la interpretación de sus improvisaciones, a la vez que va presentando alguna de sus ya numerosas composiciones, especialmente las que constituyen las principales formas musicales integradas en la llamada "música de salón", como polkas, mazurkas, minuettos y demás.

---

[1] En algunas de sus partituras autógrafas Lola Vitoria firma como "María Dolores".

Lola se enamora de su primo tercero Tomás Giner Galbis, de profesión farmacéutico, y comienzan su noviazgo en 1900, contrayendo matrimonio en 1903. Oficia la ceremonia el hermano del novio, capellán de la iglesia Arciprestal de Santiago, y en la misma ceremonia contraen matrimonio el hermano de Lola y su novia Loreto[2]. Según las fuentes consultadas por Joaquín Navarro, parece ser que fue un hombre que la amó, respetó y sobre todo la admiró en toda su valía, siendo un gran apoyo en su carrera.

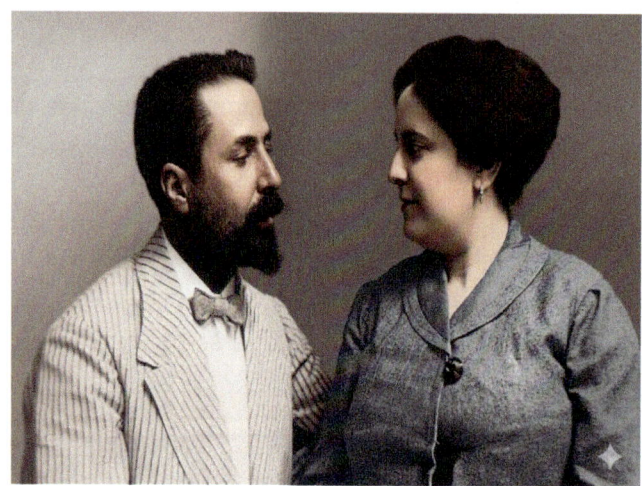

Lola Vitoria y su marido Tomás Giner.

El matrimonio organiza y comparte veladas en su domicilio de la calle Mayor de Villena, en las que se habla de ciencia, arte y literatura: los invitados son escogidos dentro de un círculo tan pequeño como selecto. Aun así, la avidez cultural le impedía a Lola conformarse con el ambiente cultural de Villena, lo que llevaba al matrimonio a realizar continuos viajes.

En 1904 nace la primera de las hijas de la pareja, Luz y en 1909 nace la segunda, Amparo. Este mismo año se estrena en Alicante su zarzuela *María Rosa,* de la que es autora de letra y música, recibiendo excelentes críticas por la música[3].

El matrimonio Giner Vitoria con sus hijas Luz y Amparo.

---

[2] J. García Amorós. "Desde Villena", *La Correspondencia de Alicante*, 3 de junio de 1903, 2.
[3] "Teatro Nuevo", *El Pueblo*, 1 de abril de 1909, 2.

El éxito profesional y personal se ve ensombrecido al final del verano de 1915 por la pérdida de sus dos hijas a causa del tifus, con una diferencia de poco más de un mes. Este hecho luctuoso le hace replantearse sus convicciones religiosas, en principio fuertes por su educación, aunque con un ligero alejamiento quizá por influencia de su marido.

Tomás Giner, activista científico y ávido escritor, abandona una de sus pasiones, la astronomía, para dedicarse en cuerpo y alma al cuidado y atenciones hacia su esposa, lo que alterna con sus actividades políticas como concejal del partido Derecha Regionalista Valenciana en el Ayuntamiento de Villena.

Comienza una etapa fructífera en composiciones con continuos viajes a Madrid, Barcelona y València, así como al extranjero visitando Italia, Francia, Bélgica, Alemania y Tierra Santa. Lo curioso es que esta avidez cosmopolita es totalmente compatible con temporadas de estancia en la finca La Casa del Cura en las proximidades de la localidad albaceteña de Caudete. La paz que le proporciona el campo le inspira para dedicarse a tañer la mandolina y a componer obras basadas en melodías y bailes de tipo popular que escuchaba a los campesinos.

Otro año importante fue 1918, año del estreno de su zarzuela *Mi Granada* en el Teatro Cómico de Madrid; la letra era de Manuel González del Castillo[4].

En esta época surgen interesantes amistades dentro del mundo de las artes y el teatro, como la escritora Carmen de Burgos, apodada Colombina, dedicataria de una de sus obras para piano, y también otras figuras del panorama cultural como el comediógrafo alicantino Carlos Arniches, la escritora y periodista Margarita Nell, el actor Alberto Closas y la actriz y directora Margarita Xirgú. De reseñar es la relación de amistad y admiración que mantuvo con los escritores Ramón Gómez de la Serna y Jacinto Benavente. Por supuesto contó entre sus amistades cercanas con nombres tan reconocidos como los compositores Pablo Sorozábal y Tomás Bretón.

Pasadas unas apacibles y felices décadas, la pareja sufre las consecuencias de la guerra civil española, siendo ambos encarcelados, aunque Tomás corrió peor suerte al ser trasladado a la cárcel de Alicante, siendo liberado en 1939, mientras que Lola estuvo presa cuatro meses. Tras este incidente la vida del matrimonio se oscurece por las secuelas emocionales, y además Lola es diagnosticada con un cáncer de endometrio que la tortura con dolores y hemorragias continuas, enfermedad que se mantenía en estado latente desde los años veinte.

El 10 de mayo de 1952, con la entereza que le caracterizó siempre y bajo el consuelo de la fe fallece poco antes de cumplir los setenta y dos años, tras una intensa vida marcada por continuas idas y venidas desde una religiosidad profunda a grandes crisis de fe. Su marido Tomás Giner, que tanto la amó y apoyó, dejó este mundo en febrero de 1954[5].

Además de obras para piano Lola Vitoria cultiva otros géneros como la zarzuela, la música sinfónica y la música de cámara vocal. En el aspecto literario, escribe ensayos, dramas y comedias de éxito: *Demasiado tarde, El príncipe soñador* (1914), *En el hotel de Luciano Madariaga, Las hijas de Suárez o Malos caminos* (1919), *Lida S'talchio, Lo que pueden ellos, Mariquilla de la luz y Sor Luz del amor divino*, además del guion cinematográfico *Hechizo gitano*, y la tragedia para la gran pantalla *Leyenda de amor*.

El Pleno del Ayuntamiento de Villena, en sesión ordinaria celebrada el día 29 de febrero de 2024, decide nombrar a Dª Lola Vitoria Tarruella Hija Adoptiva de la Ciudad de Villena. El 10 de julio de 2024 se celebra

---

[4] R. B. "Estrenos ¡Mi Granada!, *La Correspondencia de España*, 1 de junio de 1918, 4.
[5] Los datos biográficos se encuentran en la publicación *Lola Vitoria. Escritora y compositora* de la investigación realizada por Joaquín Navarro García.

el acto oficial y solemne en el Teatro Chapí de Villena con la intervención de los portavoces de todos los partidos representativos del Ayuntamiento, D. José M.ª Arenas Ferriz, legatario de su patrimonio musical y yo misma como pianista y musicóloga encargada de su estudio, como reconoció el informe del Consell Valencià de Cultura aprobado en la sesión de pleno del 28 de febrero de 2022. En este concierto se interpretaron y comentaron en primicia ocho de las obras para piano de Lola Vitoria.

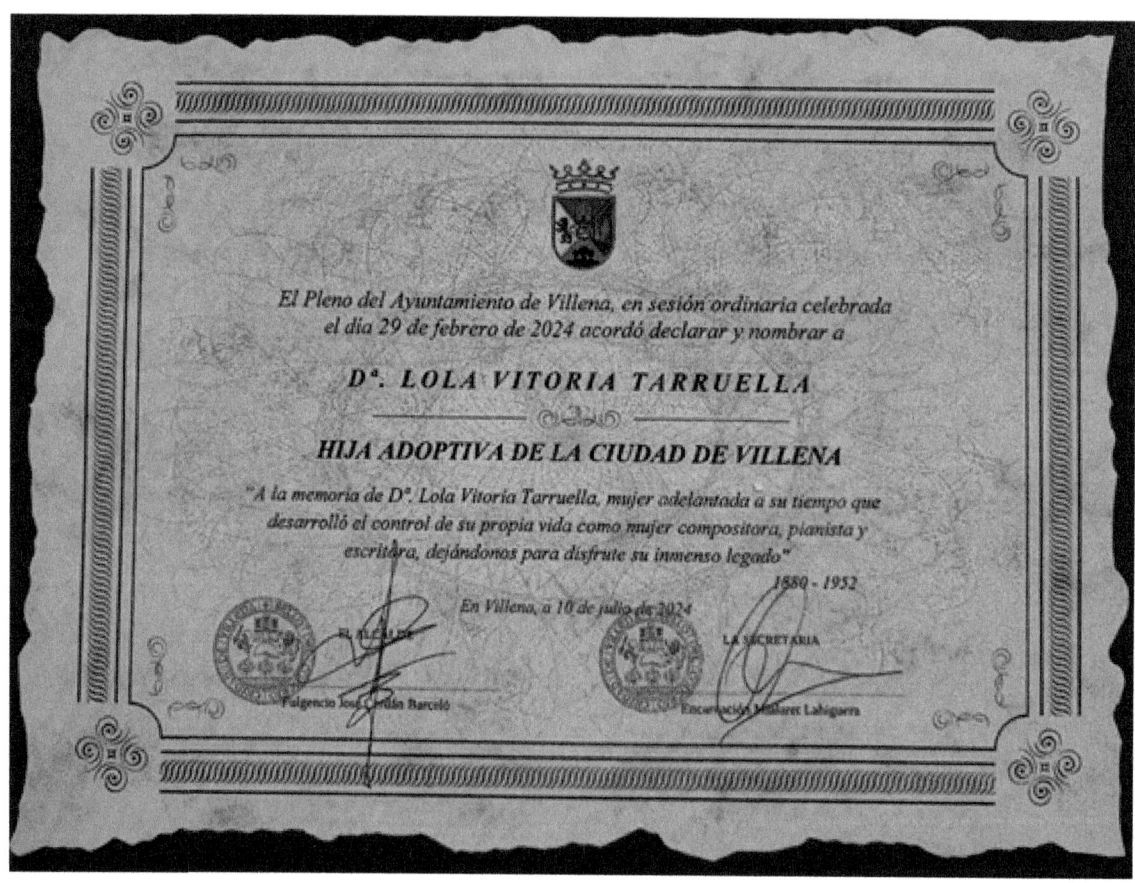

Título de Hija Adoptiva de la ciudad de Villena otorgado por el Excmo. Ayuntamiento de Villena.

LA EDICIÓN DE LA MÚSICA PARA PIANO

Sacar de la oscuridad las obras para piano de Lola Vitoria solo ha sido posible gracias al trabajo y la ilusión de los dedicatarios de la presente edición: el conseller y gran historiador alicantino Joaquín Santo Matas, y el biógrafo de la autora, quien expresó el deseo de que algún día su legado viera la luz, Joaquín Navarro García; tras su fallecimiento, ha sido de gran ayuda su hija Amaya. Otras personas han sido fundamentales dentro de esta red de afinidades entorno a la figura de Lola Vitoria: por un lado José María Arenas, quien con una inmensa generosidad y paciencia ha permitido la investigación de este legado de su propiedad, por otro lado, Encarnación Pérez Vidal, entusiasta admiradora y gran conocedora de la figura que nos compete, y por último, la labor de visibilización y promoción de la figura de Lola Vitoria por parte del Excmo. Ayuntamiento de Villena, lo que culmina con la concesión del título de Hija Adoptiva de Villena en 2024. Finalmente ha sido el Consell Valencià de Cultura la institución que ha hecho posible esta publicación.

La presente edición crítica ha sido elaborada con el propósito de ofrecer una versión fiel y rigurosa de las partituras para piano, respetando en todo momento los títulos originales y la intención de la compositora; se pretende así reflejar con la mayor exactitud posible la voluntad creativa de la autora y mostrar el testimonio fiel de su pensamiento musical.

Las decisiones editoriales adoptadas se han dirigido especialmente a la clarificación de aspectos sobre notación y unificación de criterios, cuando ha sido necesario, para facilitar la lectura, procurando en todo caso mantener la integridad estética y conceptual de la obra.

Es importante respetar los títulos de las obras, no sólo por deferencia lógica a la autora sino también por transmitir la idea de la exhaustividad en la investigación de cara a líneas abiertas en la divulgación y en la profundización del conocimiento de Lola Vitoria.

Tras la recolección de fuentes se ha procedido a la catalogación de las obras para piano, labor importante dado que algunas obras se encontraban repetidas por la existencia de borradores, además de la ausencia de fecha de composición en la casi totalidad de las composiciones. Antes de las labores de revisión y reconstrucción propiamente dichas, y como labor previa a la edición, se ha procedido a aclarar errores de catalogación debido a la detección de alguna interpretación puntual difundida por internet en la que se ha cambiado deliberadamente algún título, lo que no se corresponde con la realidad de lo contenido en las fuentes primarias de esta investigación, concretamente en los manuscritos de las obras para piano; esto ha sucedido con *Lamentos de Pierrot sobre la tumba de Colombina*, obra que figura en algún video en internet con la denominación "Andante doloroso", denominación de aire o velocidad general de la obra, lo que quizá ha sucedido por interpretar sin previa revisión y comparación con otras dos partituras autógrafas de la misma autora que son borradores previos de la mencionada obra, constando también un manuscrito con esta misma música denominada *Sin título*, lo que confirma la teoría de los borradores. Respecto a la obra *Quietud de selva*, la intérprete del video correspondiente ha cambiado el título por "Alma de selva", no sabemos en base a qué tipo de criterio, ya que en la partitura autógrafa Lola Vitoria hace constar expresamente, y sin dejar lugar a duda alguna la denominación *Quietud de selva*.

Otra ambigüedad aclarada en las labores previas ha sido la relacionada con la obra titulada *Mutación*, denominación que aparece varias veces dentro del conjunto de la música escrita por Lola Vitoria. Realmente el término "mutación" en el contexto de la zarzuela, la ópera o el teatro musical, se refiere al cambio de escenografía dentro del propio espectáculo, que suele producirse sin que se dé por finalizado el acto en cuestión, lo que suele requerir un cambio de decorado o de ambientación temporal. Al haber escrito Lola Vitoria varias zarzuelas, la música que ambienta estos cambios es precisamente la que denomina "mutación", aunque sí es cierto que la obra antes mencionada, *Lamentos de Pierrot sobre la tumba de Colombina,* es precisamente la música de una de esas mutaciones, y presuponemos que le satisfizo tanto a la autora que la aprovechó o "reconvirtió" en obra para piano con entidad propia, pero en ningún caso, ni en ningún momento ha tenido la denominación "Andante doloroso", como se ha explicado en el párrafo anterior. Por otro lado, la obra *Baile gitano* aparece en el manuscrito original como *Baile jitano,* por lo que se ha adaptado a la gramática actual. En el caso de *María Zafiro* se ha comprobado que se trata de la misma obra que *Sourette.* En cuanto a *Zambra,* esta obra aparece como *Zambriño* en la zarzuela *María Rosa* de Lola Vitoria. Por otro lado, el *Nocturno* se origina en la música de uno de los números de la zarzuela *Mi Granada,* en la que aparece como *Noche de primavera,* originalmente pensada para ser interpretada por arpa; suponemos que la autora decidió extraerla y aprovecharla para aumentar el listado de obras para piano solo.

Los trabajos de investigación se han realizado a través del estudio y análisis detallado de las fuentes primarias, los manuscritos autógrafos de Lola Vitoria, algunos en un estado bastante deficiente de legibilidad; se trata de una edición musicológica en la que se han comparado las fuentes disponibles con el estudio performativo, estableciendo el texto de modo lo más fiel posible a la intención de la compositora. En varias obras, debido a su estado y existencia de vacíos en el discurso musical, se ha realizado un trabajo de reconstrucción, justificada en el estudio previo del lenguaje compositivo. Existe una obra para piano que en su día fue editada, *Marcha de la Coronación, que* publicó la editorial Luis Tena (sucesores de Antich y Tena de Valencia), no obstante, la partitura ha sido revisada y corregida por tratarse de una edición antigua con una tipografía en la que se detectan algunos errores y ausencias.

Han sido muy numerosos los pasajes en los que las fuentes autógrafas no presentan indicaciones de carácter, dinámica, articulación, fraseo y demás elementos expresivos, por lo que dichas marcas han sido añadidas por la editora con el fin de facilitar la interpretación, además de corregir ambigüedades dentro del discurso musical en cuanto a alteraciones y giros tonales, todo ello siguiendo criterios estilísticos coherentes con el lenguaje pianístico y compositivo de Lola Vitoria.

Tras un análisis de tipo performativo se detecta que la escritura refleja la impronta de una pianista con una poderosa técnica y creatividad; esta facultad sin duda condiciona su escritura, apareciendo a veces notaciones ambiguas producto de la inmediatez típica de una intérprete aficionada a las labores de improvisación. Por otro lado, en el catálogo de obras para piano se detectan obras con una aparente sencillez combinadas con otras que contienen numerosas dificultades técnicas, dignas de intérpretes que estén a la altura de ese tipo de ejecución, algo que formaba parte de los valores intrínsecos de la escuela pianística española de finales del siglo XIX y la primera mitad del siglo XX. Otras obras tienen la envoltura del estilo impregnado de un sustrato literario, propio de su ambivalencia como escritora y compositora, y dentro de esta última faceta, su estilo compositivo también sufre ciertos vaivenes condicionados por la época que le tocó vivir, el final del Romanticismo y el advenimiento de las nuevas músicas tras el impresionismo, y los acercamientos al mundo de la disonancia y la atonalidad.

Dicho esto, podemos encontrar distintos géneros dentro de la estética y estilo pianístico en Lola Vitoria, dentro de la corriente romántica que imperaba en toda Europa:

- Romanticismo clásico de tipo introspectivo, con formas relativamente libres, y cierta expresividad lírica como *Lamentos de Pierrot sobre la tumba de Colombina, ¡Finis terrae!, ¡Hacia la*

Libia!, y Quietud de selva...

• Música de salón propiamente dicha entre las que figuran *Minuetto, Canzonetta,* Jeunesse *(Vals), Caprichosa (Polka), El Ceremonioso (Minuetto) o Souerette María Zafiro.*

• Regionalismo evocativo, derivado de la influencia popular, la mayoría basadas en danzas y cantos populares que escuchaba Lola a los campesinos en sus estancias de retiro del mundanal ruido, como muestran *Baile gitano, De vuelta al aprisco, En el patio fastuoso de Sobeya, Fiesta en la aldea* y *Zambra.*

• Acercamiento a las "nuevas músicas", o a la modernidad, con especial atención al tratamiento de la armonía e incluso con incursiones al mundo atonal, como son *Elegía, Égloga, Danza de los venenos, De vuelta al aprisco o Lamentos de Pierrot sobre la tumba de Colombina.*

• Obras de tipo técnico escritas para el lucimiento del mecanismo, dominio de la articulación y la velocidad del intérprete: *Baile gitano, Danza de los venenos, Fantasía Capricho, Flores y sonrisas, ¡Libértate Patria!, Marcha de la Coronación, Minuetto en re, Nocturno, Serenata (Murga), y Soeurette María Zafiro.*

Ninguno de estos apartados constituyen compartimentos estancos debido a que la mayoría de las obras pueden mostrar hibridaciones de estilo compartiendo varias estéticas.

El contexto estilístico está enmarcado en la época del tardorromanticismo y el regionalismo, coincidiendo con el fin del perfeccionamiento mecánico del piano y su evolución técnica, y consecuentemente, la aparición de la figura del "virtuoso" en toda Europa, aunque como ya se ha mencionado, en alguno de sus trabajos preludia lo que serán las nuevas melodías y formas compositivas propias de las vanguardias del siglo XX.

Su lenguaje pianístico requiere en muchas ocasiones un alto grado de exigencia técnica, pero también un control de la sonoridad del instrumento derivado de un poderoso conocimiento de la armonía. El uso del pedal es un recurso para multiplicar los efectos de la riqueza tímbrica de la mayoría de sus obras.

Dicho esto, podemos encontrar más características estilísticas plasmadas en su lenguaje pianístico:

• Predilección por la velocidad y protagonismo rítmico de la mano izquierda, como sucede en *Baile gitano,* la mano izquierda tiene un papel activo, lo que no siempre es la norma en piezas de estilo popular.

• Ritmo y articulación marcada, al estilo de las danzas y los elementos populares que exigen un ritmo acentuado, ataques definidos y un cierto carácter percutivo en ciertos pasajes.

• Hibridación estilística, debido a que su obra no es "solo" nacionalista ni "solo" romántica ya que mezcla la inspiración popular con la técnica virtuosa romántica, y además anticipa elementos modernos.

• Contradicciones emocionales que están continuamente presentes en los pasajes de dominio de la articulación y velocidad, que conviven con los relativos a una búsqueda de la introspección; esto sugiere que en su piano no todo es despliegue técnico, también hay momentos que muestran los vaivenes emocionales de la propia autora.

• Uso de la forma libre; las piezas con título "Fantasía", "Capricho" permiten que la compositora experimente más allá de la estructura estricta, lo que da mayor libertad creativa.

• Ejemplos simbólicos, muy presentes en *Danza de los venenos,* una de las obras más peculiares de la compositora, reflejo de sus momentos de sufrimiento y su tendencia al misticismo, obra que muestra ya un giro hacia el mundo atonal pero que describe perfectamente con la música un símbolo de tipo programático.

Desde el punto de vista pedagógico y de repertorio, la obra pianística de Lola Vitoria es de gran interés para su estudio en los Conservatorios y Universidades. En su catálogo encontramos obras de todos los niveles, especialmente para estudios de grado profesional; puede considerarse como repertorio intermedio-avanzado al combinar técnica, estilo, y carácter.

Como conclusión se puede afirmar que el lenguaje pianístico de Lola Vitoria se caracteriza por una combinación de virtuosismo técnico, inspiración en la música popular española (danza, ritmo, color local) y una sensibilidad romántica que en ocasiones coquetea con formas más modernas. Su obra para piano tiene un gran valor tanto desde el punto de vista interpretativo como pedagógico, y representa una voz femenina significativa en el panorama musical español de finales del XIX y principios del siglo XX.

Con todo este trabajo de investigación, reconstrucción, corrección, revisión, sistematización y edición se ha podido publicar el legado pianístico de Lola Vitoria para su uso pedagógico, musicológico e interpretativo, contribuyendo así a la divulgación de una autora tan prolífica como desconocida.

Raquel del Val Serrano, pianista y musicóloga.

Mi música es para mí, algo muy íntimo… y muy doloroso.
Si no me aturdiese con algo me volvería loca.
Y me emborracho con música.

Lola Vitoria

Raquel del Val Serrano

Concertista de piano y doctora en Musicología, compagina su actividad como intérprete con la investigación. Ha recuperado y estrenado obras de tres generaciones de la saga Moreno-Torroba-Larregla, por encargo en su día del maestro Federico Moreno-Torroba Larregla. Su labor se extiende también a los legados del compositor burgalés Antonio José Martínez Palacios, el leonés Pedro Blanco y en 2022 es reconocida por el Consell Valencià de Cultura como profesional encargada de la revisión y publicación de las obras de la escritora y compositora alicantina Lola Vitoria.

Ha colaborado con publicaciones especializadas como la revista *Ritmo*, de la que ha sido portada, y ha grabado para la St. Giles Foundation de Londres y Radio Nacional de España Radio Clásica. Como especialista en música española ha sido invitada por las Universidades de Alicante, La Rioja, Elche, León, Valladolid, Alcalá de Henares y la Facultad de Letras de Oporto, donde ha impartido conferencias y ofrecido interpretaciones dedicadas al repertorio español. El éxito de su disco *Paisajes de España* le valió el reconocimiento de la crítica norteamericana y la invitación a impartir una *Master Class* en la Manhattan School of Music de Nueva York, además de participar en el Festival ILAMS de Londres.

Es Licenciada en Derecho por la Universidad de León, Titulada Superior en Piano y Música de Cámara por el RCSMM y el CONSMUPA, Máster en Investigación Musical por la Universidad Internacional de Valencia y Doctora en Musicología por la Universidad de La Rioja, además de miembro de la M.I. Academia de la Música Valenciana, de la Sociedad Española de Musicología y de la Academia de la Música de España.

www.raqueldelval.com

MÚSICA PARA PIANO

BAILE GITANO

Lola Vitoria

marcato il canto

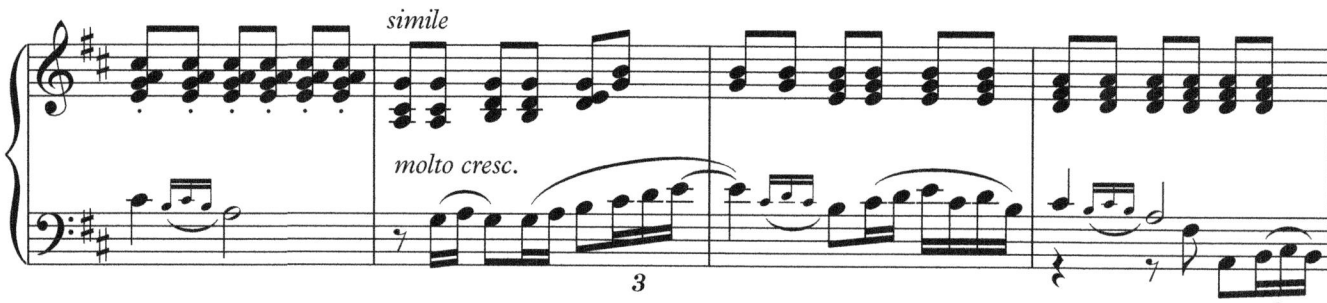

marcato il canto

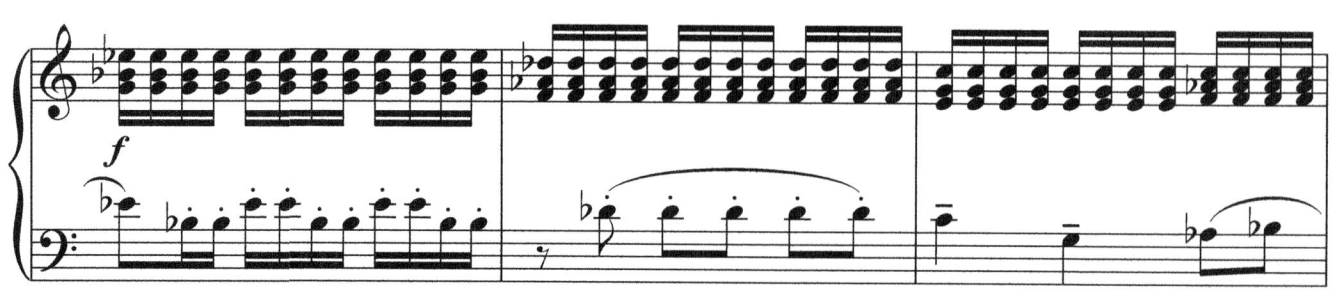

CANZONETTA

Lola Vitoria

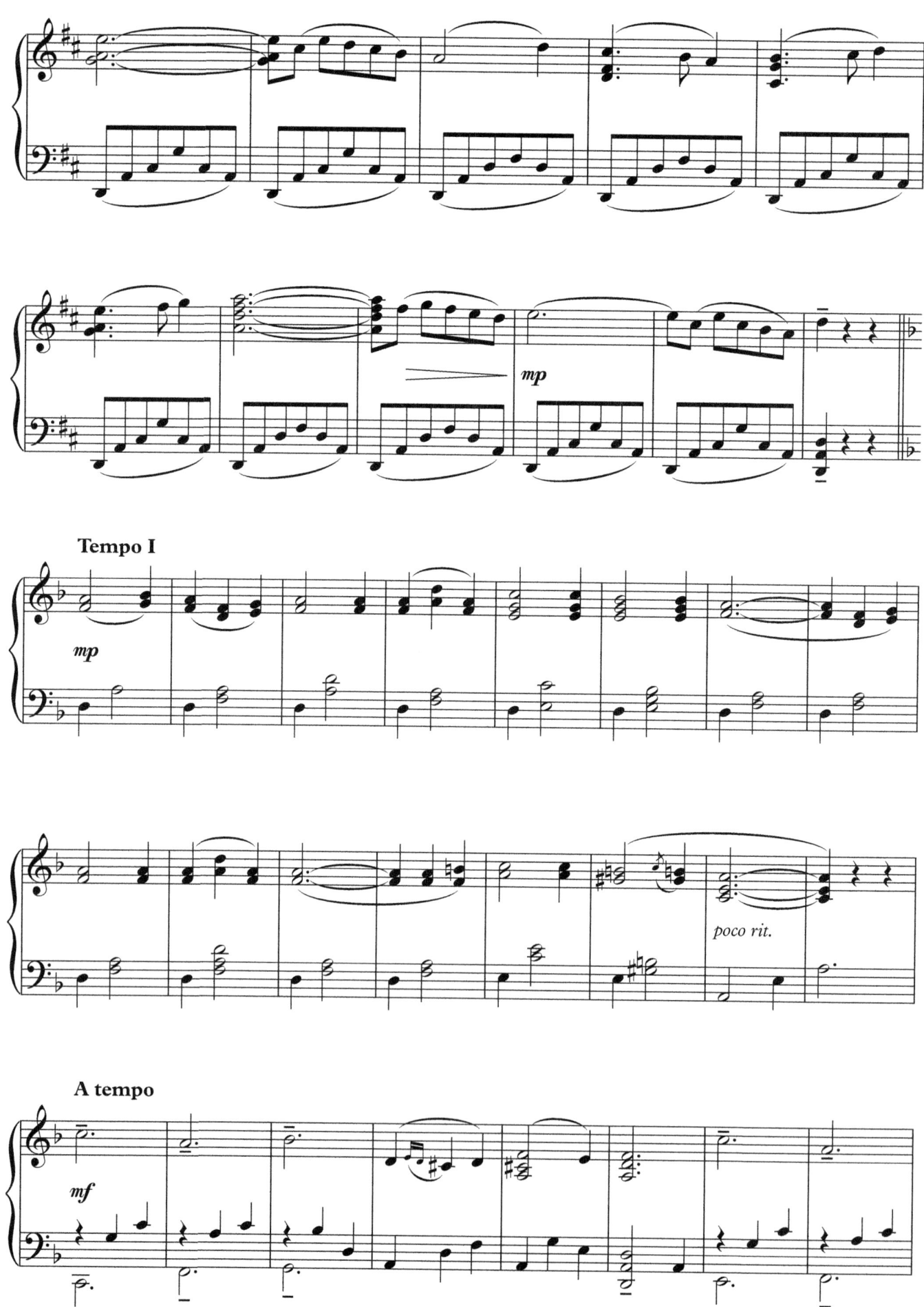

CAPRICHOSA

Polka

Lola Vitoria

EL CEREMONIOSO
Minuetto

Lola Vitoria

DANZA DE LOS VENENOS

Lola Vitoria

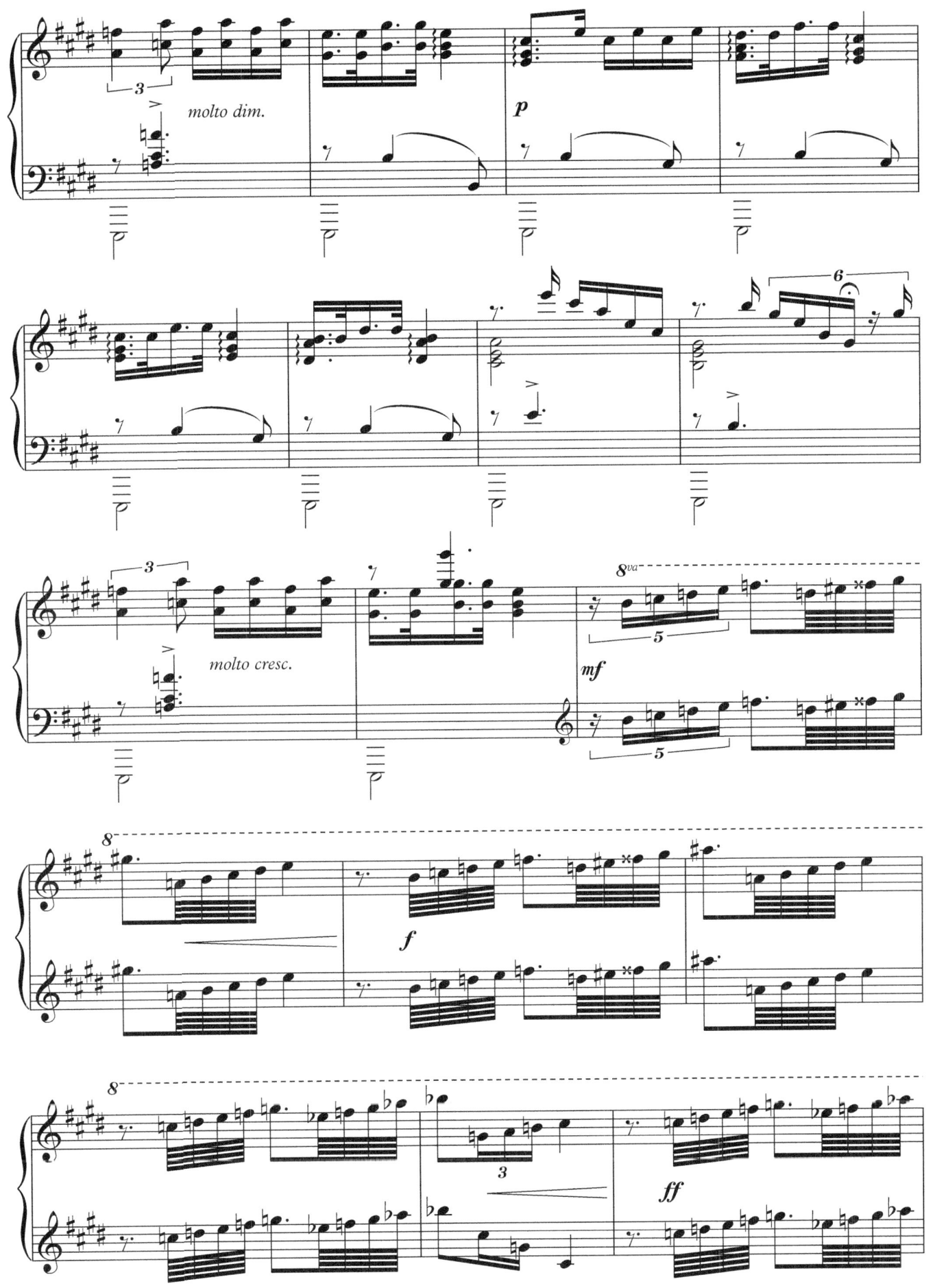

DE VUELTA AL APRISCO
Pequeño poema bucólico

Lola Vitoria

ÉGLOGA

Lola Vitoria

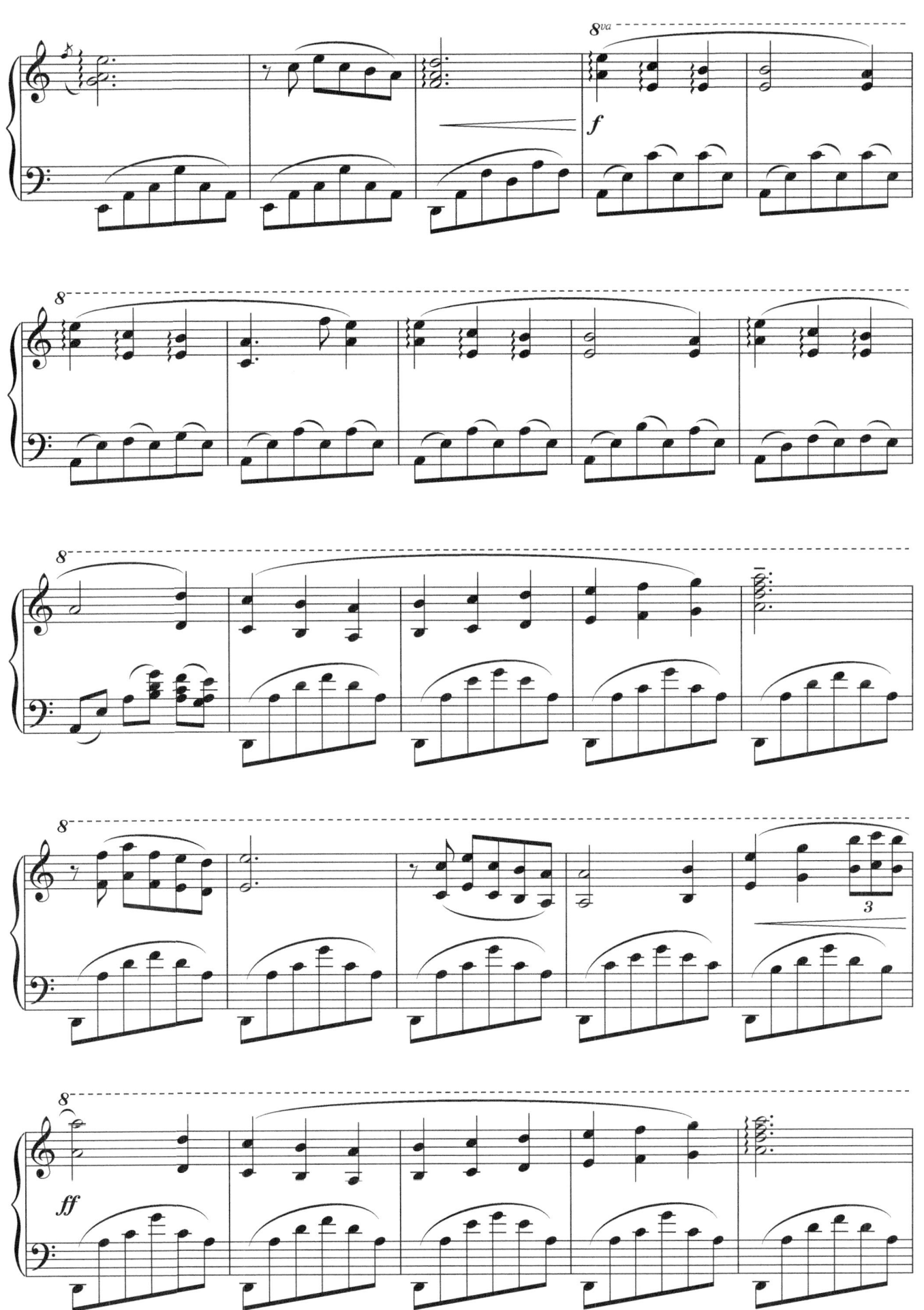

ELEGÍA

Lola Vitoria

EN EL PATIO FASTUOSO DE SOBEYA

Danza

Lola Vitoria

FANTASÍA CAPRICHO

Lola Vitoria

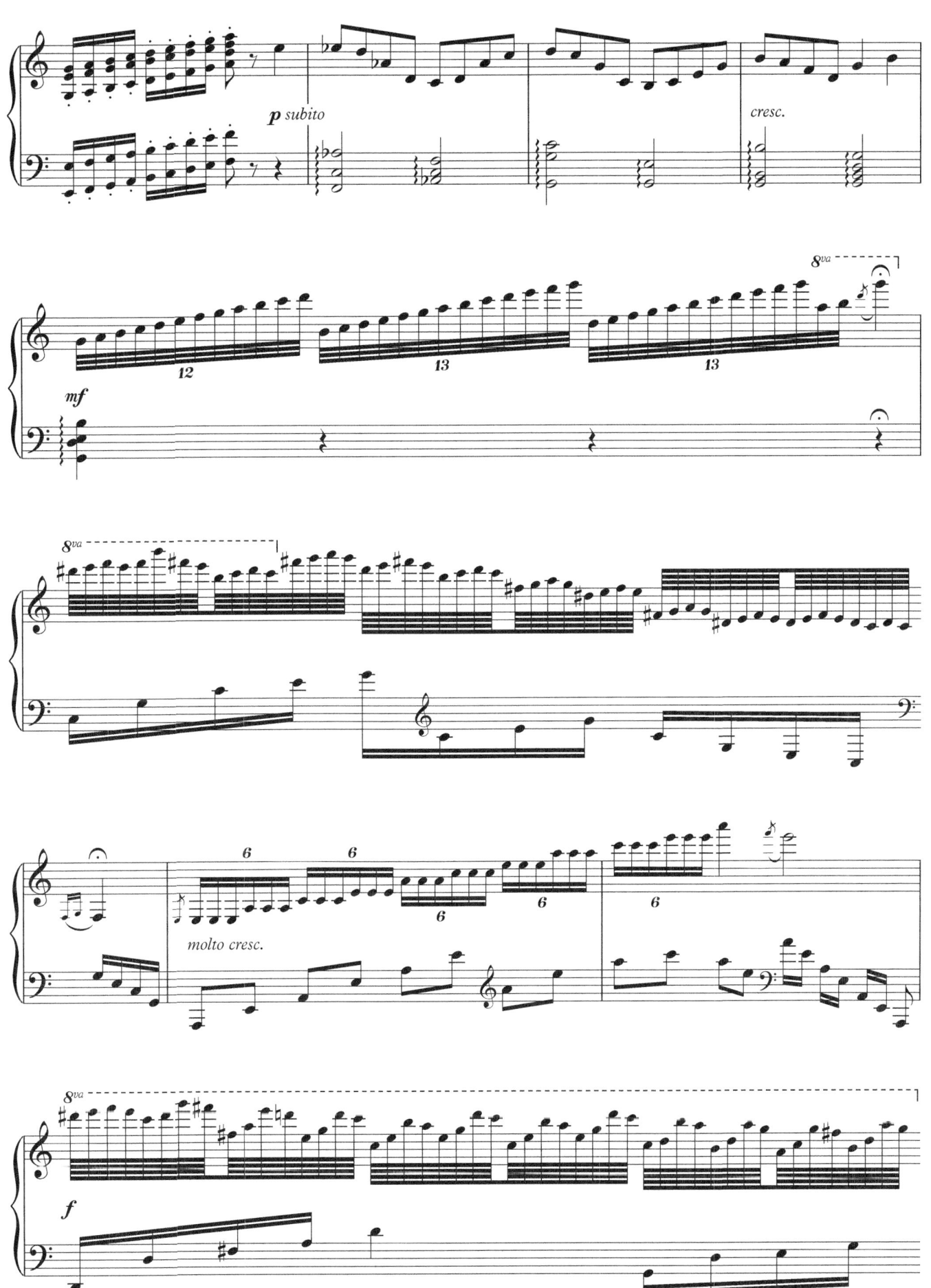

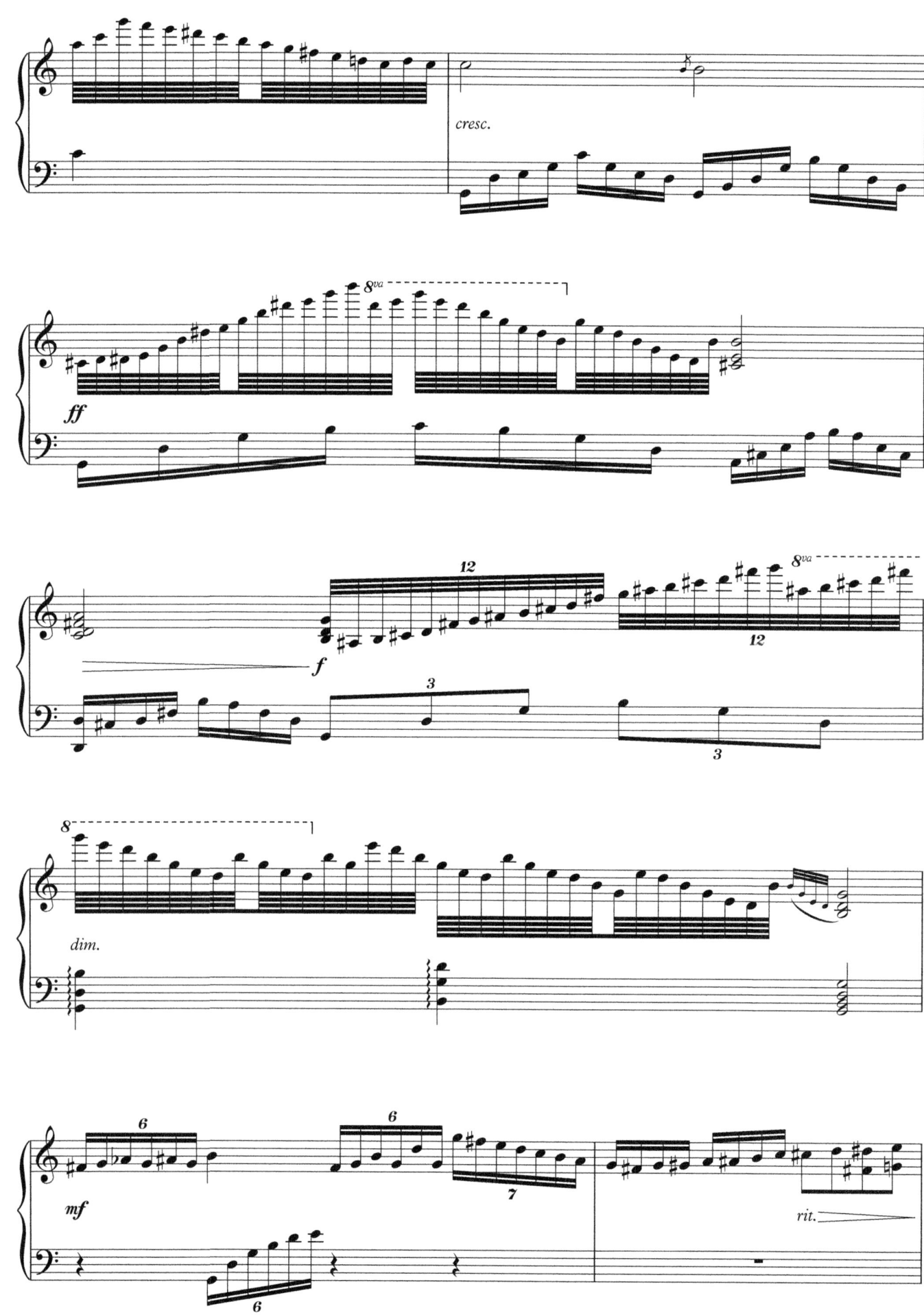

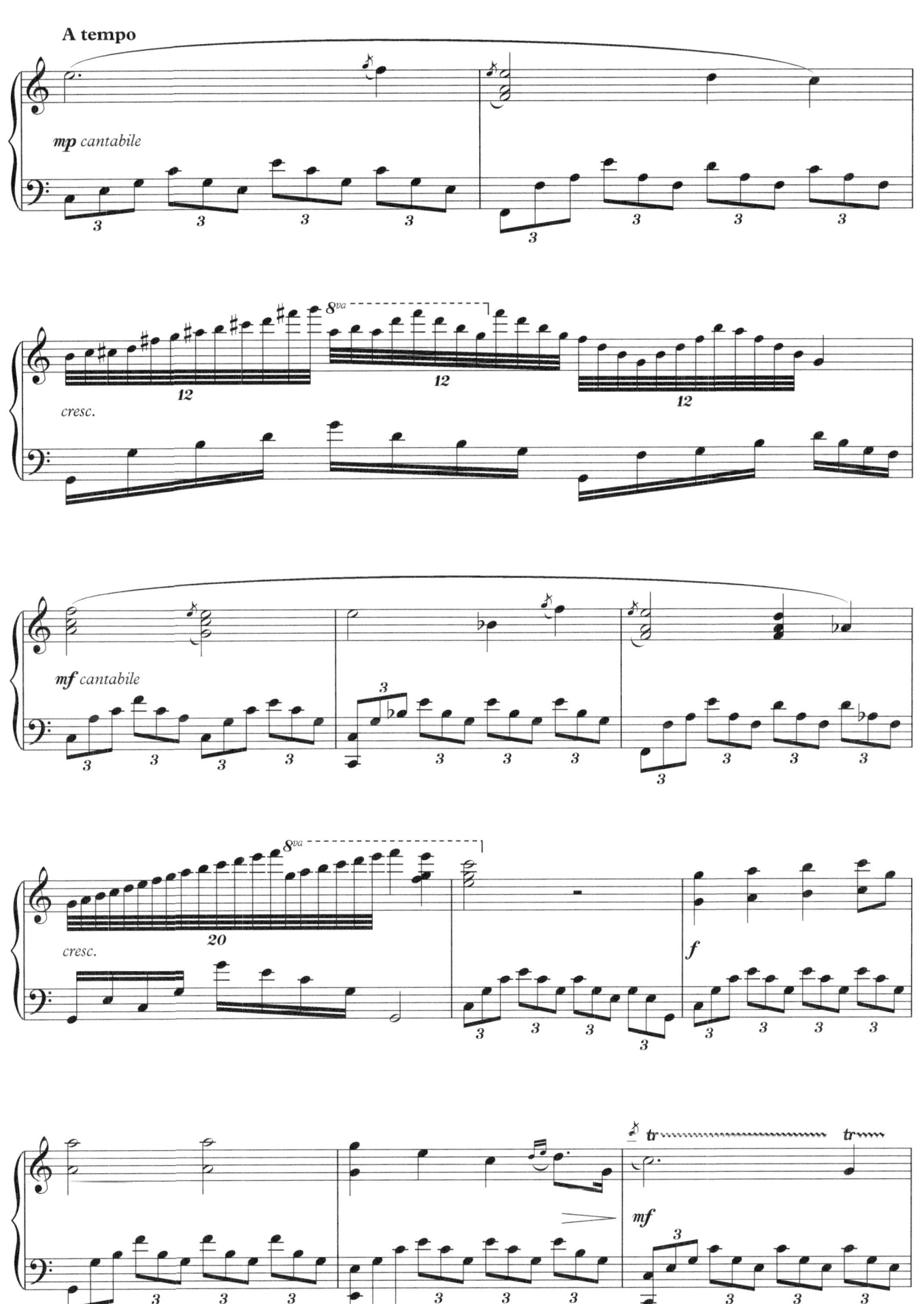

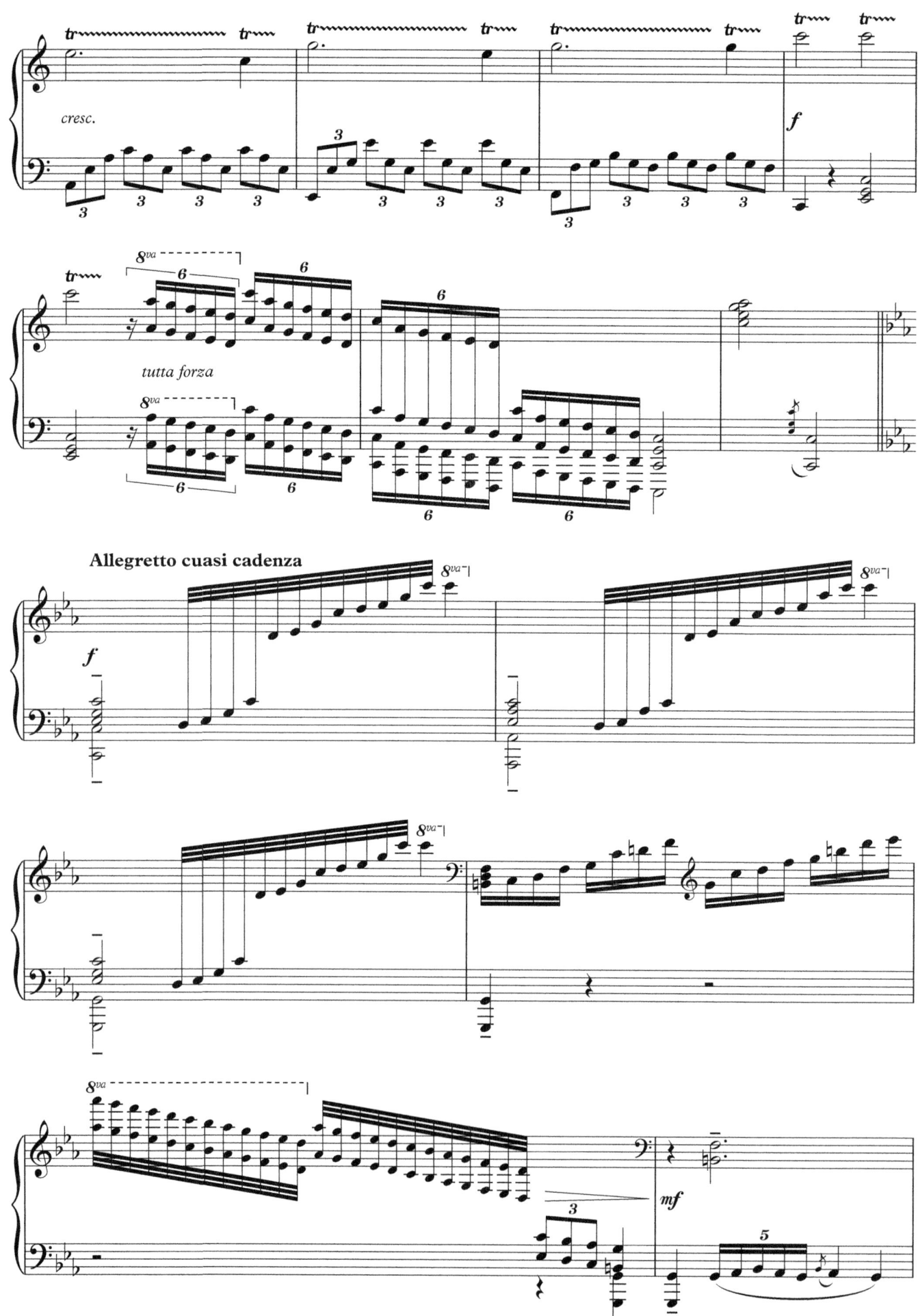

Allegro, molto risoluto

mf con grazia

f

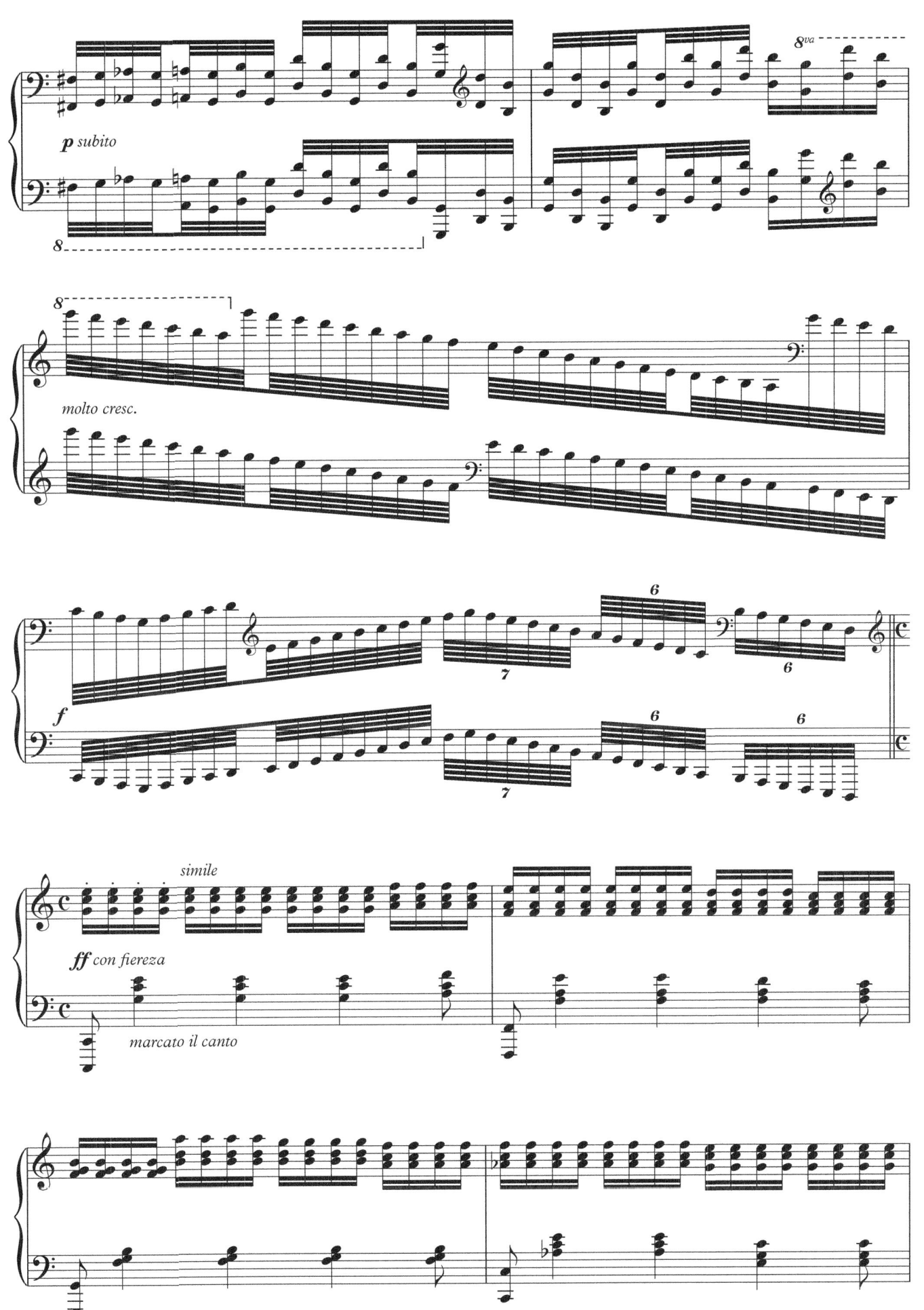

FIESTA EN LA ALDEA

Lola Vitoria

a la inmensa Doña Carmen de Burgos, la muy admirada y la muy querida

¡FINIS TERRÆ!...
Momento musical

Lola Vitoria

FLORES Y SONRISAS

Vals

Lola Vitoria

¡HACIA LA LIBIA!
Caravana

Lola Vitoria

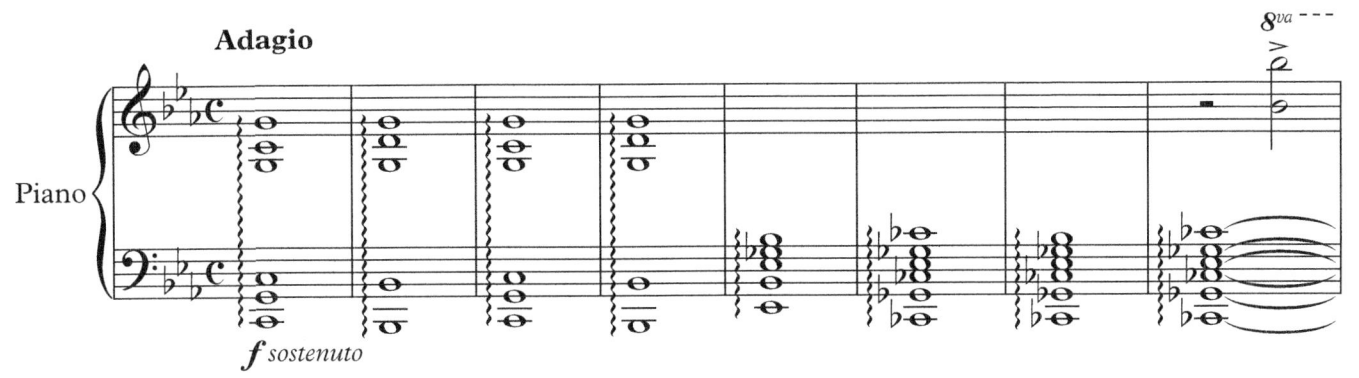

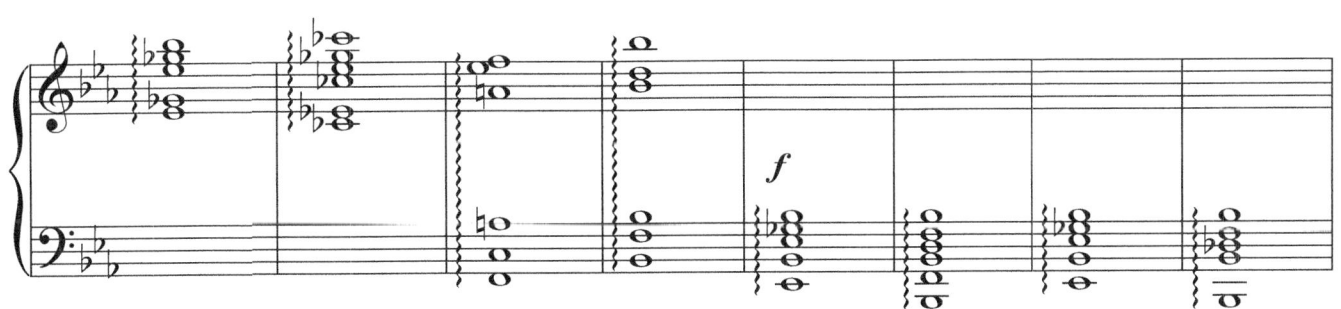

© 2025 Consell Valencià de Cultura
Critical edition by Raquel del Val · Engraved and formatted by José Antonio Morcillo

JEUNESSE

Vals

Lola Vitoria

Introducción

© 2025 Consell Valencià de Cultura
Critical edition by Raquel del Val · Engraved and formatted by José Antonio Morcillo

LAMENTOS DE PIERROT
sobre la tumba de Colombina

Lola Vitoria

¡LIBÉRTATE PATRIA!
Himno

Lola Vitoria

Meno mosso

MARCHA DE LA CORONACIÓN

Lola Vitoria

MINUETTO

Lola Vitoria

NOCTURNO

Lola Vitoria

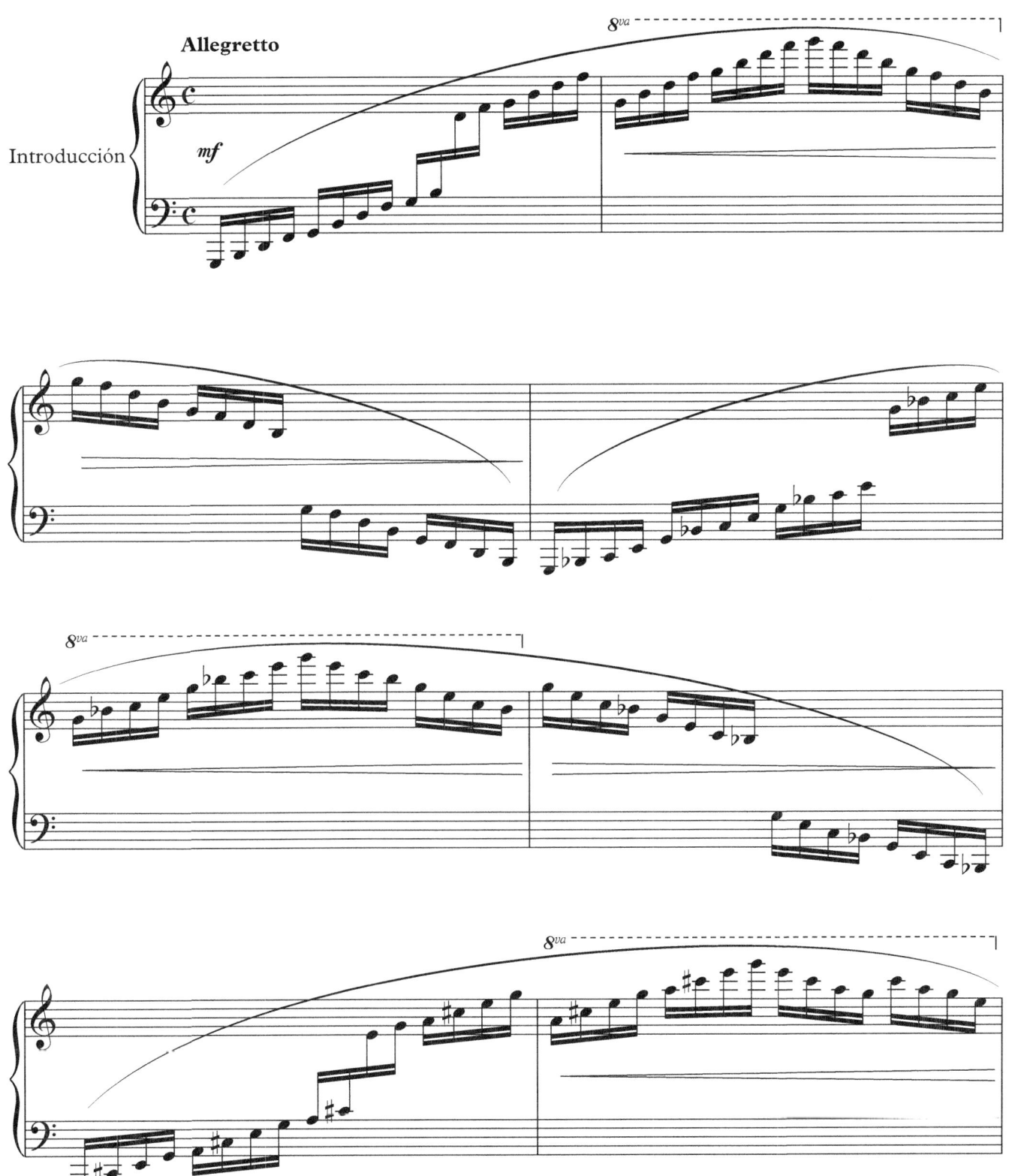

QUIETUD DE SELVA...

Lola Vitoria

© 2025 Consell Valencià de Cultura
Critical edition by Raquel del Val · Engraved and formatted by José Antonio Morcillo

SERENATA

Murga

Lola Vitoria

SOEURETTE MARÍA ZAFIRO

Polka

Lola Vitoria

Poco più mosso

ZAMBRA

Lola Vitoria